JN440768

바람이
붓이
되어

바람이 붓이 되어

초판 1쇄 발행 2023년 8월 9일

지은이 오선민

펴낸이 임병천
펴낸곳 책나무출판사
출판신고 2004년 4월 22일 (제318-00034)

주소 서울시 영등포구 신길3동 325-70 3F
전화 02-338-1228 **팩스** 0505-866-8254
홈페이지 www.booktree.info

ISBN 978-89-6339-698-9 03810

*2023년 원주문화재단 문화예술지원사업에 선정되어 발간되었습니다.

바람이
붓이
되어

오선민 두 번째 시집

책나무출판사

시인의 말

가슴에 품었던
이야기들을
조심스럽게 풀어 봅니다.

누구나
많은 이야기
간직하고 있겠지요.
모두가 소중한 것입니다.

시어를 붙들고
창작에 온 힘을 쏟았습니다.

여기에
나의 삶을
진실하게
거짓 없이 솔직하게,

두 번째로
기록하여 내놓습니다.

목차

4부

5부

1부

라스베이거스의 밤

비틀스의 노래가 흐르고
라스베이거스 쇼가 시작된다
이념은 사라진 지 오래전
음악에 심취해 눈을 감는다

골든 너깃 카지노 호텔 뒷골목
번쩍이는 네온사인은
선글라스를 끼고 호객행위에 열중이다
자유분방한 옷을 입은 사람들은
시가를 물고 맥주병을 들고
나발을 분다

완전한 이방인이 되어
홀로 떠돈다
카지노 게임판 앞에는
쉼 없이 주사위가 던져지고
칩이 오간다
행운 따위는 없다

나와 아무 상관 없는 듯
라스베이거스의 밤

화려함 뒤에 감춰진 절박한
고장 난 네온사인 거리로
몇몇 사람들이
비틀거리며 사라진다

눈 내리는 공원

무엇을 위해 달려왔나
도무지 알 수 없다
똑같은 일상
변함없이 흘러가는 시간
가슴 벅찬 순간은 얼마큼이었나

후회와 반성을 반복하면서
지나왔던 날들

시간이 순간 이동을 해
내 앞에 우뚝 서 있다
허무함에
눈시울이 뜨겁다

눈 내리는 오후
적막한 공원에
한참을 서 있었다

그녀 1

참 열심히도 살아냈다
돌이켜보면 지난 세월이 아쉬워
무엇 때문에 아등바등 살았는지
후회만 남는다는 그녀

사랑에 목말라 헤매고
정에 굶주려 야위고
지천명 앞에 두고 서러운 눈물 바람

하, 인생사 별거 아니네
요것 좀 봐,
시들어 죽은 줄 알았던 가지에
엷은 잎 돋아나 숨 쉬고 있어
나 살아있어 함성 지르고 있어

비워야 채워진다는 깨달음
바위 같은 믿음을 붙들고
오늘은 무엇을 비울까 생각하다가
수세미 가득 찬 머릿속 비워버리자 한다

그녀 2

불쑥 나온 배
더 내밀고서 얼굴에는 함박웃음
지나가는 길에 손 한번 흔들고
오늘도 씩씩한 그녀

하루 일과 시작은
편의점 원두커피 한 잔
온갖 동네 소문 알고 있어도
다 그런 거지
귀 뒤로 흘려버린다

못 믿을 게 사람이라고
믿을 놈 하나 없다며
손사래 치고는
오늘도 뒤뚱거리며
삶 속으로
헛웃음 흘리며 들어가는 그녀

가로등 불빛 아래

어린 나뭇잎이
손톱 한 마디쯤 자랐을 때
가로등 불빛 아래에서 올려다보면
어찌 그리 예쁜지

봄비가 내린 저녁
이파리에 물방울 맺히면
가던 걸음 멈추고
목을 한껏 빼고 바라본다

어디서 저리 예쁜 것이 왔을까
밤하늘에 빛나는 별보다
더 반짝이고
아기 살결보다
더 보드라워 보인다
봄날에 어린 이파리
애교가 한창이다

지금 베란다에서는

창을 열면
연초록 이파리는
바람에 흔들리고
물 주면 생기 돋고

분갈이했던 칼란코에는
몸살을 하더니
나 이제 괜찮아 하면서
활짝 웃음꽃을 피웠다

살아서 매일 변화하는
화초들
무심한 듯 놔둬도
연보라색 꽃을 피우는 향설초

시간은
한련화 잎 위에서
둥글게 구른다

커피 한 잔
따뜻한 햇살

느리게 박자를 맞추며

꽃과 함께

향기로운 여행을 떠난다

연줄

지천명이면 하늘의 뜻을 안다는데
외려 거꾸로 나이를 먹는지
어질러 논 일 마무리도 못하고
징징거리며 자꾸 매달린다

하늘 같은 믿음은 주지 못할망정
내 눈꼬리 치켜뜨게 하지나 말지

무거운 돌덩이
매달아 달라고 한 적 없는데
매단 적도 없는데
힘없는 연줄에 질기게 매달려 있다

줄을 끊어버리고 싶은 날이
셀 수 없이 많아
밤마다
연줄을 끊고 날아가는
나비 연(鳶) 꿈을 꾼다

나무

뿌리에서 끌어올린 물과
싱그러운 바람
햇살을 뭉쳐
나뭇가지에 옮겨 놓는 일은
주어진 몫이다

힘들게 싹 틔웠던
잎을 떨어뜨리기 위해
다시 물과 바람, 햇살을
힘들게 뭉쳐 온다

떨어지는 것을
슬퍼하지 말라고
파릇한 새싹이 돋아나는
찬란한 시절은
또 올 것이라고
그것이 순리라고

나무는
등을 쓰다듬으며
조용히 눈을 감는다

허수아비 마네킹

화려한 꽃무늬 셔츠
선글라스에 밀짚모자
넥타이까지 세련되게 두른
마네킹이
논밭 한가운데 우뚝 서 있다

그 모습이
내가 보기에는 생경한데
참새들은 만만한가 보다

마네킹 신사
멋있는 자세로
서 있거나 말거나
참새들은
알알이 익은 벼 이삭 사이를
부지런히 오간다

진짜 사람인 줄 아는
허수아비 마네킹
약이 잔뜩 올라서는
두 팔을 번쩍 들고

긴 다리로

논밭을 이리저리

참새 쫓는 꿈만 꾸고 있다

그게 그것

그동안 살아온 경력이나 경험으로 봐서
높은 자리에 앉아서 호령해 보는 것도 꽤 괜찮은 일이지
모두 잘한다 해 주니 진짜 그런 줄 알고
잘난 척 우쭐한 모양이란

이 세상 착한 일은 모두 도맡아 하는 사람
불쌍한 영혼을 위해 기도하는 사람
새벽 기도도 빠지지 않고 다닌다는
그런 사람이 오염된 호흡으로 사람을 말린다
눈빛으로, 행동으로 사람들을 긁고 부수고 상처를 주고
정작 본인은 아무렇지도 않은 척
모든 것이 너의 오해라고 주장한다

오만이 넘쳐나고
썩어빠진 진리가 곳곳에 등장하고
그 사이에 끼어 이러지도 저러지도 못하는 나는
혹시
이해하고 넘어가 줘야 하는 것이고
참아야 하는 것이고
그들을 불쌍히 여겨야 한다는
너그러운 착각에 빠진 것은 아닌지

머리가 지끈거리고
눈이 침침하고
온몸에 소름이 돋고
도대체
오만이나 착각이나
그게 그것이 아닐까 싶어
어지러운 생각에서 도무지 빠져나올 수가 없다

다시 또 그 자리

바다가 성이 났다
가지 못하는 것에 대해
넘지 못하는 것에 대해
미친 듯이
제 몸을 부수고 있다

바위에 부딪혀
작은 물방울 되어
높은 바위를 타고 넘어가
저 푸른 땅에 닿고 싶어
안개라도 되어
넓은 땅
그곳에 내려앉았으면

온 사방을 둘러싸고 있는
높은 바위
그 안에서
아무리 부서지고 부딪혀 봐도
하얀 물거품으로
둥글게 밀려오고 밀려가는
다시 또

그 자리

화장하는 남자

한강의 물은 말라도
내 주머니의 돈은 마르지 않는다고
큰 소리 뻥뻥 치던 남자

돈 마른 날부터
거북이 등껍질처럼 굳어버린 얼굴
이마 위에 굵게 팬 골

눈 밑 검은 그림자 지우려
거울 앞에 서서
영양 크림 바르는 남자

어두운 얼굴에
허연 티 나는 줄 모르고
선크림 듬뿍 바르는 그 남자

길

이 길인가 했더니
아닌가 보다

저 길로 되돌아가려니
길을 잃었다

돌아 돌아
결국 제자리

어이쿠,
짧은 인생길

한눈팔지 말고
가던 길이나 제대로 가자

가을에 부치는 편지

지난 뜨거운 여름
어떻게 견뎌왔느냐고
묻지 마세요

익을 대로 익어버리고
타버릴 대로 타버린
불덩이 같은 몸과 마음
묻어 버려요

꺼졌던 불씨 살아나는 것
아시나요?
꿈틀대며 일어서는 내 꿈들
심장 뛰는 소리 들으셨나요?
깊은 곳으로부터 솟아나는
뜨거운 불길
보셨나요?

묻어야 살 수 있다는 것
견디어야 될 수 있다는 것
버텨야 솟아난다는 것
그래야 비로소

살아진다는 것입니다

가을은 새로운 시작입니다

2부

블랙잭

자욱한 밤안개 속에
나지막이 캐럴이 흐르고
충혈된 눈동자
차창의 성에를 녹인다

아메리칸드림을 꿈꾸며
날아오르던 순간
승패는 이미 정해졌는지 모른다
그때 멈춰야 했다
시간은 실에 묶인 잠자리처럼
제자리만 맴돌고 있다

인생이란 카드에 승부를 건다
카드를 돌리는 딜러의 손을
뚫어지게 바라본다
어떤 숫자가 내게 올지
어떤 숫자가 네 손에 쥐어질지
모를 일

행운을 바라지 않는다고
혼자 중얼거리다

가느다랗게 뜬 눈으로
슬쩍 시간을 튕겨본다

버렸던 낡은 카드를
다시 주워 들고
어두운 새벽
상기된 얼굴로
헤드라이트를 켠다

강문해변에서

낡은 횟집 창밖에는
배 한 척 없는 빈 바다가
흰 춤을 추고 있다
말없이 잔을 들어
성난 바다를 위로한다
바다 위에 글자가 어른거린다

이것은 맞고
저것은 틀리고
그것이 정답이든
아니든
무슨 상관일까
모래사장을 걸으며
혼자 중얼거렸다

갈매기에게
틀린 답 물어가라 했다
바다에
맞는 답 던져주었다
나도 모르게 고이는 눈물
멍하니 앉아

모래 위에
동그라미만 그리고 있었다

겹치는 순간

달동네 부엌 한쪽
희미한 형광등 불빛 아래
물렁물렁한 닭발의
오도독뼈를 씹으며
가난을 영양제인 듯
먹고 있는 엄마

시간이 흘러
그때의 엄마 나이가 된 딸은
연탄불 위의 닭발을
이리저리 뒤적이며
하루의 피곤을 눕힌다

포장마차 안에서
무심코 닭발을 집어 드는데
엄마의 얼굴이 소주잔에 담긴다

겹치는 엄마와 나의 시간
술잔 속에 엄마의 얼굴이 흐려진다
뚝 떨어지는 눈물
술잔이 일렁인다

푸념

겨울이면 동식물도 동면하는데
사람 마음도 동면했으면 좋겠다
아무 생각 하지 않고 잠이나 실컷 잤으면
머릿속은 온통 수세미가 가득하고
두통은 수시로 날 쪼아댄다
덩달아 두 눈도 침침해지고
보이는 모든 사물이 뿌옇다
두 눈은 안개를 피운다
도무지 갈피를 잡을 수 없다
보이지 않는다
길도 방향도
보려고 애쓰는 만큼 주름은 늘어가고
동공은 허공을 맴돌고 있을 뿐
날 쪼아대는 두통은 신이 나서 춤춘다
아,
나도 동면하고 싶다
잠시 소꿉놀이 멈추고 쉬고 싶다

분노

하루에 백 번도 넘게
생과 사를 오가는
이놈의 지겨운 일상
콱
밟아 버리고 싶어

시도 때도 없이 날아드는
문자 메시지
이놈의 핸드폰도
콱
짓이겨 버리고 싶어

드르륵드르륵
우지끈 우당탕퉁탕
다
부숴버리고 싶어

기억에 대하여

오늘도 난 내 기억을 믿고 싶다
사람들은 자신에게 불리하면
네가 틀리게 기억하고 있다고 말한다
복장 터질 노릇이다

녹음을 해 둔 것도 아니고
증명할 그 무엇도 없다

너는 원래 우기기를 잘해서
네 고집이 세어서
네가 이기적이어서라는 말을 해 가며
분명한 내 기억을 흐트러뜨린다

항상 나만 이상한 놈이 되는 순간이다

네가 이겼다

나는 천성적으로 피부가 약해서
조금만 스쳐도 물집이 생기곤 했다
구두를 신고 걸어 다니다 보니
발가락 마디가 문드러지고
딱지가 앉았다 떨어졌다

나는 오기가 생겼다
네가 이기나 내가 이기나
어디 한번 해 보자고 했다
아파하는 발가락을 무시하고
약을 한 번도 바르지 않았다

제발 나를 봐주세요
피눈물로 호소하는 발가락
모르는 채 눈길 한 번 주지 않았다
지쳤는지 울지도 않고
징징거리지도 않고
아무 소리도 없더니
어느 날 그 자리에 튼튼한 살이 올랐다

너만의 옷을 두껍게 만들어 입고

나를 보고 웃고 있었다
네가 이겼다

꿈에

내가 가지고 싶던 조약돌을
아는 언니가 가져갔다
쫓아다니며 달라고 졸랐다
안 준다고 했지만,
끝까지 쫓아가서 달라고 했다

마지못해 달갑지 않은 표정으로
나에게 조약돌을 건네주었다
그런데 받고 보니 내가 갖고 싶던
예쁜 그 조약돌이 아니다
이게 어찌 된 영문인지 몰라
한참을 허둥대고 있었다

내가 원하던 것은 이게 아니었는데
왜 나는 그 언니를 쫓아다니며
무조건 달라고 했을까
무엇을 달라고 했던 것일까

내 손에 쥐어진 이상한 돌을 보며
빙빙 도는 하늘 위로
내 눈은 허공을 맴돌고 있었다

나는 등록도 못 한다

지난해 아내 생일에
변변히 선물 하나
못 해준 것이 마음에 걸려
몰래 감추어 두었던 돈을 찾아
올해는 선심 쓰듯
흰 봉투를 내밀었다

눈물까지 반짝이며 감격해하는
아내를 보자니 맘이 짠해진다
더 일찍 해 줄 것을
내 기분대로 술 한 잔
마시지 않으면 되는 것을
마음이 아프다

제대로 살아오지 못한 나
마음이 못난 것도
병이라면 병인데
이런 마음은 몇 등급인지 몰라
난 등록도 못 하나 보다

물의 노래

어디로 흘러가는지 모른다
그저 도랑이 만들어졌을 뿐
솟아난 곳도 마지막 이르는 곳도
아무것도 모른다
즐겁게 노래하며 가는 길이면 행복하다

물길을 막으면 돌아가면 돼
바쁠 것 하나 없어
물총새도 만나고 모래무지도 만나
흙탕물 속에 미꾸라지도 숨겨주고
혹 논에 대는 물이 될지도 모르는 일

때로는 장맛비에 거친 수마가 찾아와
도랑을 온통 뒤집어 놓고
약해진 언덕을 움푹 파놓고
고랑의 고춧대 흰 뿌리 뒤집어
힘없이 주저앉게 만들 때도 있다

밤새 할퀴고 간 자리에
또 다른 도랑이 생겼다
다시 또 흥겨운 노래 부르며

흐르는 데로 흘러가고 있다

풍물 장터

키 작은 난쟁이는
입안 가득 석유를 물었다가
솜방망이에다 품어 내어
화려한 불 쇼를 시작한다

음악에 맞춰
작은 발로 재빠르게 박자를 맞추며
흔들흔들 불붙은 솜방망이로
온몸을 태우고 있다

불이 지나가는 자리마다
슬픔이 녹아 길을 만들고 있다
불붙은 솜방망이는
두 눈 질끈 감은 난쟁이 얼굴 위에서
미친 듯 돌고 있다

장터에 모인 사람들 머리 위로
난쟁이가 날아다닌다
녹아내린 불꽃이 길을 태운다
탄다
슬픈 난쟁이가 탄다

비운다는 것

누군가를 미워하는 것은
내 욕망이
만들어 내는 것은 아닐까
욕심을 채울 수 없어
그 사람을 자꾸만
미워하는 것이 아닐까

기대가 크면 클수록
실망은 더 커지고
가지고 싶은 마음이 클수록
미움의 씨앗은
더욱 단단해진다

바닥까지 내려가야지만
딛고 올라올 수 있는 법
모든 것 버리고
보이지 않는 바닥으로 내려가 본다

피사리

옹골진 벼 사이로
손가락을 넣어 피 한 가닥 잡았다

획—
저 멀리 던지자
알갱이가 사방으로 흩어진다

기다렸다는 듯 새 떼가
와락
달려든다

피를 없애려
약을 치고 덮개로 덮고
온갖 방법을 써도
꿋꿋이 자라난다

농부에겐
귀찮고 하찮은 피지만
피엔
생명이고 처절한 삶인 것을
오래전부터 그래 왔던 것을

피사리하는 내 손이 경건해진다

그림자 하나 짊어지고

죽음의 그림자는
늘 내 곁을 맴돌며
존재를 의식하게 했어

해가 쨍한 날에는
내 등 뒤로 바짝 붙어서
힘에 부쳐 밀쳐 보기도 하지만
그럴수록 더 달라붙는 네가
야속하기도 했어

종일 어깨가 아픈 것은
무거운 그림자
짊어지고 있어서일까

달빛 아래 흔들거리며 걷는
그림자들
그 그림자 짊어지고 가는
힘겨운 발걸음
차가운 밤바람이 그들을 쫓는다

숲으로 난 길

작고 단단한
좁은 흙길을 걷는다

길 위에 서서
잠시 발걸음을 멈추고
생각에 잠긴다

길이 단단해지기까지
얼마나 많은 사람이
밟고 지나갔을까

얼마나 밟혀야
이처럼 단단한 길이
될 수 있을까

조각 난 생각들이
앞장서
숲길을 걷는다

3부

절벽 위에 부는 바람

바위틈
말라비틀어진 나무뿌리 위에
새 한 마리 날아와 앉는다
세차게 흔들어 대는 바람
새도 같이 흔들어 댄다

절벽 아래 물살은
뜨거운 햇살에
껍질들 허옇게 벗겨져
속살 드러내고

그 속을 떠다니는
유령 같은 바람

밤마다 그 바람을 마중하는
벼랑 위의 뿌리가
바람을 안고
바닷속 하늘로 뛰어들고 있다

늑장 부리는 봄

어둡고 추운 시간을 견디어 내느라
손마디는 곱고 손등은 터졌다

따뜻한 햇살 내려오는 날
속살 야들야들 쏟아 낼
그날만을 기다리고 있었는데

흐린 하늘에서는 때아닌 눈이 날리고
겨우내 마른 풀 속에 숨어있던 생각들은
연기가 되어 하늘로 올라간다

흔들리는 봄이
연약함을 핑계로
새잎을 올리는 것도
꽃피우는 것에도 게으름을 피운다

봄이 늑장을 부리고 있다
겨울잠 자며 잠꼬대하듯
허공을 향해 마른 손짓을 하고 있다

칠봉 계곡

얕은 계곡물 속에 들어앉아
일곱 가지 상념에 잠긴다

봉우리마다 무슨 사연 있어
저리 깊을까

가만 보니
큰 산 작은 산
일곱 가족 봉우리다

아빠 근심 떨어지는 소리에
물 소용돌이 파문이 일고

엄마 웃음소리에
어린 나뭇잎들 덩달아 자지러진다

옴폭 둘러싸인 산등성이 밑
낮게 흐르는 계곡물 속에서
일곱 가족 목욕하는 모습이 정겹다

푸른 일곱 개의 사연을 안고

낮달이 뜬다

호수

너의 푸른 눈은
하늘을 담고 있어서
시리도록 푸른색일까

너의 깊은 마음은
산을 담고 있어서
묵향을 내고 있을까

이파리 하나쯤이야
동그란 원을 그리며
멀리멀리 보내 버리면 되지

너의 눈에
달 뜨고 별 뜨면
묵향 솔솔 풍기는 산으로 갈까

그리움만 쌓이고

달빛 숨죽이고
별빛도 달 뒤로 숨는 밤
나뭇잎 스치는 소리가
그대 발걸음 같아
화들짝 달려 나가 대문을 연다

달맞이꽃
소리 없이 흔들리고
산마루 소나무 그림자
돌아오는 그대인가
어둠 속에 바빠지는 눈동자

힘없이 돌아서는 등 뒤로
소쩍새 구슬피 울고
청설모 잣나무에 올라
잣 떨구는 소리만 가득하다
밤새 그리움만 쌓인다

눈 내리고 바람 불어도

흩날리는 눈발들은
자기가 앉을 자리를 안다
내려앉은 눈들은
뒤에 내려오는 눈들의
자리를 마련하기 위해
단단한 얼음이 된다

바람에 날리는 씨앗들도
꽃피울 자리를 안다
때가 되면
바위틈이나 벼랑 끝
나무뿌리 사이에 들어앉아
꽃을 피운다

동백꽃

화분에 담긴 동백나무
힘을 다해
조그만 꽃봉오리 밀어낸다

봉오리 끝 연분홍색으로
몇 날 며칠
긴 시간을 견뎌내더니
빨간 꽃이 활짝 피었다

어느 날
갑자기 동백꽃 송이가
통째로 떨어진다

어쩜 이렇게 한순간
미련 없이 꽃송이를
떨구어 낼 수 있는지

부질없는 생각들
꽃송이 떨어지듯
그렇게 떨궈 버릴 수 있다면
그럴 수 있다면

가을에는

가을입니다
숲이 물들기 시작했습니다
맨발로 춤을 춰도 괜찮은 날입니다

가지고 싶은 것이 많아졌습니다
샘은 커집니다
그래서 하늘은 저렇게 높은가 봅니다

숲속에서 노래를 불러봅니다
새들의 노랫소리와 섞여
아름다운 하모니를 이룹니다

나무 냄새, 풀 냄새
냄새들은 가을이라고
작은 소리로 소곤거립니다

가을에는 모든 것을
용서할 것만 같습니다
마음이 넉넉해집니다

4월에 내리는 눈

꽃 위에
하얀 눈이 사정없이 뿌려진다
계절은
시간조차 분간하지 못한다
눈 속에서 파르르 떠는
저 꽃잎들은 어쩌나

엉켜진 계절들은
힘으로 풀 수가 없다
가슴속을 파고드는
차가운 바람 앞에
힘없이 주저앉아
심장을 부여잡는다

그래도 봄이라고
꽃들은 다시 피어나고
파랗게 질려버린 잎들은
다시
일어서서
뜻하지 않은 역경마저
따뜻하게 품어 안는다

들꽃

아무도 오지 않아도
그냥 여기가 좋아

파란 하늘
토끼 구름 벗 삼아

스쳐 가는 바람도
마냥 포근한

여기
들판이 좋아

돋아나고 무성해지고
꽃 피었다 시들어도

아무도 뒤돌아보아 주지 않아도
오늘도 새 각시처럼 단장하고

여기가 좋아
여기서 시들어도

감기

온몸에 열꽃이 피었다
말 못 하는 것들의 반란이다

그대 뒤에서 소리쳐 불러도
듣지 못하고
그대 앞에서 눈짓을 보내도
알아보지 못하고
애가 타

쿨럭거리는 기침 소리가
그대에게 닿았으면 좋겠다

눈 내리는 밤
열꽃으로 탄 커피 한 잔
뜨겁다

사우나

삶의 더미를 입고
여인들이 모여 앉아
뜨거운 탕 안에서
껍질을 불린다

몸이 뜨거워질 때
차가운 욕조에 기대어
애꿎은 말들을 쏟아낸다
여인들의 속살이
참지 못하고 흐물거린다

말의 열기로 녹아버린
밍밍한 커피를
입을 동그랗게 말아
경쟁하듯 빨아댄다

여인들의 이야기가
날아다니다
벽과 가슴에 부딪힌다
아득해지는 정신
들릴 듯 말 듯

윙윙대는 소리

허우적거리는 등 뒤로
그들의 이야기가 쫓아온다
들리지 않는 귀를 눕히며
차가운 냉탕 속으로
깊이 잠겨 들어간다

냄새 5

산책길에 불어오는 바람
코끝을 스친다
뒷동산의 숲 냄새는
마른 풀 향기로 지나가고

원주천 냇가에는
바람이 끌고 온
물비린내
익지 않은 어설픈 첫사랑 냄새

머리 위 가까이에
손 뻗으면 닿을 듯
둥실 떠오른 낮달에서
시간의 오묘한 냄새가 난다

알싸한 가을 냄새가
아직 붉어지지 않은
나뭇잎 스치며
거친 숨을
숨기고서
내 곁에 가만히 앉는다

이사

몸에 밴 익숙한 곳에서
낯선 곳으로 떠나는 것
손 없는 날 택해
쌀 짐도 없는 것들 만지작거리며
버려야 할 것들만 찾고 있다

오래된 양푼 하나 들고
버리러 가다가
빨래 삶는 통으로 쓸까 하고
되돌아오고
십 년도 넘은 입지 않는 옷
버리러 가다가
올 한 해만 더 입을까 하고
되돌아오고

버릴 것 천지인데
버릴 것 하나 없다
오후 내내 들락날락
문지방 다 닳았다

자전거 배우기

무서워 앞바퀴만 바라보다
넘어지길 여러 차례
뒤에서 잡아주던 언니가
꽥— 소리 지른다
봄밤
수양버들 늘어진 길가에서
엎어지고 깨져
무릎에 소독약 마를 날 없고

어느 날 두 눈 들어
멀리 보니
신기하게 안 넘어지고 잘 간다

오호라,
무서워 바로 코앞을 보니 넘어진 거야
인생도 그런 거야
넘어지지 않으려면 멀리 보는 거야

달리는 두 바퀴에
건강한 웃음 한 보따리 싣고
세상 속으로 쌩쌩 달려간다

4부

슬픈 사랑

*소롯길에 다녀왔습니다
하늘은 눈물이 날 만큼 파랗고
나무들은 옷을 모두 벗었습니다
들판은 누런 누더기를 걸치고
바람에 흔들리고 있습니다

사랑은 슬프다고
사랑은 없다고
가슴을 부여잡고 펑펑 울었습니다

가을이 오면 난 싫어요
허전해서 싫고
슬퍼서 싫고

가을 타는 나는
빈 가슴 부여잡고
누더기 밭을 헤매었습니다

스산한 바람이 발아래 맴돌고
떨어지는 나뭇잎은 가슴에 쌓이는데
내 슬픈 사랑은 어디에 있는 것일까요

애초부터 없었을 사랑을
이토록 찾아 헤매는 것은
가을이 너무 파랗기 때문입니다

소롯길 돌아오는 길 위에
슬픈 사랑이 떨어집니다.
아픈 사랑이 뚝뚝 눈물 흘립니다

*소롯길: 원주 치악산 상원사 가는 길목에 있는 찻집.

황혼의 사랑

젊은 시절
정열적인 사랑 한 번 안 해 봤겠습니까
가슴이 뛰고
볼이 발그스레 물드는
순수한 사랑 한 번 안 해 봤겠습니까

살다 보니
잠시 잊었겠지요
잡을 수 없는 시간 앞에
안타까움은 커지고
아직도 미소년 같은 감성은 살아 있어
그래도
가끔 가슴이 설레곤 한답니다

붉은 노을처럼
은은하게 설레며 다가오는
황혼의 사랑은
젊은 시절 정열적인 사랑보다
한층 더 성숙한
사랑인 것을요

촛불

새벽녘
정갈히 갈아입으신
단정한 옷매무새

장독대 위에
정화수 올려놓고
손바닥이 닳도록
자식을 위해
빌고 비는 정성

바람에 흔들리는 촛불
소리 없이
흘러내리는 촛농

오늘도 타들어 가는
어머니 마음
어느새 밝아오는 산등성이

내게로 와요

내게로 와요
사랑하는 임
서러운 몸짓
감출 수 없으면

내게로 와요
그리운 내 임
사무친 마음
기댈 곳 없으면

내게로 와요
못 견디게 그리운 임
흐르는 눈물
닦을 수 없으면

너는 알까

시외버스 터미널
함박눈은 소리 없이 내리고
네 마음도 내리고
내 마음도 내려앉고

아무 말 하지 않고
그저 바라보며
빙긋이 웃기만 하여도
몸으로 번져오는 따스함

영하로 떨어진 기온에
길은 얼어붙어 반질거려도
가슴속 뜨거움으로
녹아버린 빙판길

언제나
너에게 가는 길은
둥실 떠오른 설렘
가슴앓이 사랑

냄새 1

숲속의
바람에 실려 온
숨

숨이 되고 싶다

냄새 2

등에 업힌 아기는
킁킁대며 엄마의
살냄새를 맡는다

시간은
깔깔거리며
술래잡기한다

술래가 되면
빼앗겨 버리는
엄마 냄새

숨어버린 냄새를 찾아
밤새도록 숨바꼭질했다
냄새는 엄마 등 뒤로
꼭꼭 숨어 버렸다

냄새 3

야생화 숲에
흔들리며 퍼져가는
너를 따라가다 보면

한순간
나는
꽃이 되고
풀이 되고
나비가 되고
구름이 되고
노래가 되어

나무 사이에서
반짝이는
음표가 된다

냄새 4

알 수 없는 냄새가
그들의 몸을 감싸며 맴돌고 있다

비린내 같기도 하고
썩는 냄새 같기도 한
이상한 냄새가 풍기는데
정작 그들은 그 냄새를 맡지 못한다

샤넬 향수를 뿌리고
짙은 화장을 한
그들의 몸에서는
더욱
야릇한 냄새가 나
그들의 곁에 다가갈 수 없다

그런 사람들이
거리마다
냄새를 풍기며
좀비처럼 득실대고 있다

그냥

콘서트 7080을 보다가
눈물이 주르륵 흐르는 것
라디오를 듣다가
학창 시절 롤러장에서 듣던
신나는 팝송이 나오면
어깨가 들썩여지는 것
달리는 차 안에서
바람에 머리카락 쓸어 올리면
목울대가 괜히 움찔거리는 것
오전 내내 아무 일 없다가
가로등 켜지니까 외로워지는 것
전화를 걸지도 않을 거면서
몇 번이고 전화번호를 뒤적여 보는 것
대관령 옛길을 걸어보고 싶은 것
벚꽃 환하게 핀 강변로를 드라이브하고 싶은 것
옛사랑이 그리워지는 것
그 사람이 막 좋아지는 것

그리운 아버지

술 한잔 드시고
기타를 치며 노래하시던 아버지
*어머님의 손을 놓고 돌아설 때에
부엉새도 울었다오 나도 울었소

아버지의 눈에 반짝이는 이슬
할머니가 보고 싶으셨나 보다

아버지가 보고 싶어
낡고 늘어진 테이프를 찾아
카세트에 넣는다
목이 멘 듯한 노랫소리가
느리게 반복해서 재생되고 있다

창밖에는
얼큰히 취한 노을이
내 눈 속으로
천천히 걸어 들어온다

* 〈비 내리는 고모령〉 가요 가사 중에서 발췌

그대를 못 잊겠습니다

소낙비가 서럽도록 창가를 두드리는 날
내 사랑을 떠나보냈습니다

운명처럼 다가온 그대를
안아 줄 수 없는 서글픔

보내고 싶지 않은 그대를 보내며
온몸의 세포들은 소름이 돋아나고
떨고 있습니다

어찌 살 수 있을까요
그대를 보내고 내가 어찌 살 수 있을까요
그대 웃을 때 주위를 밝혀주던 환한 빛
내가 죽어야 잊을 수 있을까요

세월의 흔적인가요
상처 난 가슴을 싸맨 자리엔
시커먼 굳은살이 올랐습니다

그날처럼 비가 내리는 오늘
목울대가 꿈틀댑니다

아픔이 올라옵니다

아직도 그대를 잊지 못하였나 봅니다

이른 봄, 현충원

현충원 오르는 길
을씨년스러운 날씨에
녹지 않은 눈이
미끄러운 살얼음을 만들어
발걸음이 조심스럽다

방마다 놓인 하얀 항아리
침침한 눈을 비비며 몸을 일으킨다
문 앞에 놓인
하얀 국화꽃 한 다발

그대들 어깨 위에서
환하게 빛나던 시절
아직도 선명한데

흐린 날
산등성이에서
후드득 날아오르는 새 한 쌍
이른 봄,
아픈 뿌리에 물이 오른다

매화꽃 향기

불 꺼진 방
구석에 앉아
무릎을 세우고 고개를 묻어
오래전 기억을 더듬는다

잘 사는지
잘 지내는지
안부가 궁금해도
알지 못하고

생각은
끊어지지 않고
밤마다
꿈속으로 이어진다

이른 아침
봉화산 둘레길 걷다 보니
바람 타고 날아드는
은은한 매화꽃 향기

첫사랑이다

5부

들에 핀 꽃처럼

강한 햇빛도 받고
몰아치는 바람도 맞아보고
세찬 비에 쓰러져 보기도 하고
느닷없이 내리는 우박도 견뎌내고
천둥 번개 치는
컴컴한 낮도 경험해 보고

망망대해 일엽편주처럼
이리 흔들리고
저리 흔들리며
떠가는 아슬함
바람 앞에 촛불처럼
꺼질 듯 살아나고
살아나다 꺼져버릴 듯한 불안함

모든 것 다 겪고
흙 사이, 바위틈,
가시덤불 속에서
때를 기다려
잎을 틔우고
꽃을 피우고

다시 씨앗을 맺지
바로 너처럼

잘린 벚나무

수십 년을 자라
봄이면 꽃도 많이 피우고
여름엔 그늘도 만들어 주던
담장 옆 벚나무 몇 그루

어느 날 도로를 넓힌다고
싹둑 밑동을 잘라버렸다

꺾인 나뭇가지에는
아직 풀어내지 못한 이야기가
꽃망울로 매달려 있다

도로를 만드는 것도
나무를 자르는 것도
살아가는 이치라고
애써 마음을 다독여 보지만
잘린 벚나무 여러 그루
짠하게 눈에 밟힌다

뒤집힌 땅 위에서
토끼풀과 민들레 잎이

봄바람에 살랑,
잎을 흔든다

바람이 붓이 되어

비밀 이야기를
묵묵히 듣고 있던 나무가
세찬 바람에
가지를 요동친다

우수수
비밀스러운
말들이 쏟아지고
바람은 붓이 된다

붓이 된 바람은
아스팔트 위에
물감을 풀어
그들의 이야기를
색칠한다

바람이 분다
이야기가 쏟아진다
바람이 붓이 되어
그들의
인생을 그린다

삼식이

바닷가 포장마차 안
커다란 도마 위에
가지런히 누워있는
삼식이라 불리는 삼세기

못생겼으니
맛도 없을 거라며
둥근 테이블 위에서
수저를 두드리며
떠들어대는 사람들

이름도 촌스럽고
생긴 것도 이상해
외면당하기 일쑤인
삼식이

위로받아야 하는 삼식이가
얼큰하고 시원한
삼세기 탕으로
오히려 나를 위로하고 있다

자두나무

앞뜰에 수십 년 된 자두나무
쓰러져 가는 담장을 세우고자
나무에 굵은 철사를 동여매었다

철사가 파고들어
나무에서 진이 흐르고
벌레가 집을 지어
마당에는 벌레 똥이
지천을 이루고 있다

빨간 자두가
탐스럽게 열렸을 가지들은
배배 꼬여
앙상한 모습으로 서 있다

마음이 애잔해진다
벌레 꼬인 나뭇가지에
살충제라도 뿌려줄까 하다가

아,
나무에 묶인 철삿줄부터 끊어 줘야지

마음이 바쁘다

폭염 주의보

밖에는 뜨거운 소문들이
쫓기듯 다급한 숨소리로
창을 두드린다

가까이 있던 생각들이
아우성친다
순간
훅—
열기가 솟는다

내 몸은
불꽃처럼 타오르다
불꽃처럼 사라진다

폭염 주의보가
하늘에 열기구로
떠오른다
무섭다

도대체 모르겠네

분명 나한테
어쩌고저쩌고 얘기해서
나도 맞장구쳐
이러쿵저러쿵 대답했더니
어느새 그 말이
내가 한 말이 되어 떠돌아다닌다

맞장구친 내가
잘못한 건가
자기가 한 말을
네가 했다고 떠벌린 사람이
미친 건가

돌고 돌아 온 말이
아이러니하게
나의 뒤통수를 친다

잡초

이 뜨거운 여름 어떻게 견디었을까
시들어 들판에 누웠어도
절대로 죽지 않는 강인함을
누구로부터 배웠을까

그저 쓸모없다고
업신여김을 받으며 뿌리째 뽑혀
길가에 버려지지만
그래도 제 한 몸 흙에 기댈 수 있으면
다시 뿌리내리고 일어서서
불어오는 바람에 한들한들 웃고 있다

혼자 일어서는 법을 아는
빛나는 법을 아는
그래서 위대해 보이는
꽃보다 더 아름다운
잡초

행여나 길에 버려진 잡초를 본다면
그냥 지나치지 않고
소중히 주워

길섶 풀 위에 살포시 얹어 줄 테야
그러면 뿌리내리고 잎이 번져
석양빛에 빛나는
붉은 꽃을 다시 피울 테니까

뿌리와 걷는 봄

들판의 풀은 항상
서리가 내리기 전에
눈이 오기 전에
내가 밟기 전에
먼저 일어선다

밤새 내린 서리가
아침 햇살에
빛날 때
들판의 풀들이
반짝!
빛나는 걸 보았다

풀은 항상 먼저 와서
다시 나갈 채비를 한다

나를 마중하는 풀,
뿌리와 걷는
따스한 봄 들판이다

뺀다는 것

마이너스는
말하자면
손해를 보는 일인데
생각해 보면
뺀다는 것은 나에게
플러스일 때도 있다

가슴속 깊이 박힌 못
빼고 나니
마음의 기쁨과
천근의 무게 같던 몸은
날아갈 듯 가벼워져
오히려 더하기가
되었으니 말이다

자작나무 숲

속이
실타래처럼 엉킨 날
자작나무 숲을 오른다

숲길 옆에 서 있던 소나무는
날카로운 이파리들을 떨군다
심장을 찌른다
부르튼 속이 따갑다

나무 기둥에 허연 힘줄을
가득 두른 자작나무
삶의 옹이들은
가지에 듬성듬성 앉아있다

울퉁불퉁 험한 길
오래도록 천천히
올라가는 중
하늘은 왜 속도 없이 푸른 건지

길 끝에 다다라
엉킨 실타래 풀고 싶은

자작나무 숲을 오른다

소녀상 앞에서
-77주년 광복절을 맞이하며

힘없는 국민은
치욕스럽게 나라를 빼앗기고
35년간의 일제 강점기
백성들은 무참히 짓밟혔다

일제의 만행에 스러져 간 영혼들
바다 건너 이국땅으로 끌려가
피지도 못하고 짓밟혀 버린 꽃
피눈물 흘리며 지하에서 통곡하던 선열들

일본 위안부 피해자인
할머니들의 분노는 메아리치고
한 분, 두 분씩 세상을 떠나면서
두 눈을 감지도 못하지만
냉랭한 현실은 막막하기만 하다

국화꽃 한 다발
소녀상 앞에 무릎 꿇어 바치며
그대들의 희생으로 지금 우리가 있으니
감사함과 사랑을 드리며 깊이 고개를 숙인다

시평

삶, 내면의 시간, 존재의 트라이앵글
- 자아를 만나는 외롭고도 차가운 방식

우영규 | 시인 · 문학평론가

1

시의 문장은 어디서 어떤 형태로 생성되는 것일까. 그것은 특별하고도 신성한 장소일까. 특별한 풍경이 존재하는 것일까. 특별한 마음과 색다른 풍경이 있는 것일까. 시인의 예리한 발상으로 시작해 시인이 바라보는 아득한 너머까지 가닿는 것일까. 아니면 시인과 대상 사이를 오가며 불규칙적으로 흩어져 있는 불가사의한 얼룩일까. 이 '얼룩'을 다양한 각도에서 바라보는 시선의 무수한 오류일까. 답이 무엇이든 시의 문장은 시인의 고유하고 내재적인 '시차(視差)'를 통해서만 표현되며, 그럼으로써 유일한 생성의 도정으로 진입하게 된다. 특히, 이 '시차'의 필연적인 붕괴 혹은 각성에 직면하면서 더욱더 견고하고 다양성을 띠게 된다. '시차'의 집요하고 끈질긴 개입은 동일한 작품의 수많은 해석을 유발하게 됨을 우리는 기억해야 한다.

만일 그렇다면, 시각의 차이라는 재현과 생성의 비대칭적 구조의 핵심적 규준은 시-문장에서 그 완전한 근거를 이끌어 낸다. 이때 우리는 조건을 바꾸어 "시-문장은 무엇인가?"라는 질문을 다시 해야 한다. 이 질문이 여전히 유효한 것은 시-문장이 언제나 언어로 환원되지 않기 때문이다. 언어 속에서 존재하지만, 늘 언어를 보충하고 또한 넘어서는 것이 시-문장의 본질적인 속성이기 때문이다. 자세히 뜯어보면 '시-문장'은 대상을 소유한 시인이 자신의 시선을 고스란히 투사하는 대화의 용도, 즉 화용(話用)이 아니며 더욱이 대상에 내재한 시인 자신의 집요한 응시를 직접적으로 형용하는 발화(發話)도 아니다. 그것은 오로지 시인이 대상을 포획하고 통할하는 순간 빠져나가는 그 어떤 것으로 항상 결여와 과잉을 행간에 흩뿌려놓는다. 말하자면 '그것은 그것이 아닌 채 그것이 됨으로써' 우리를 사로잡는다. 우리는 이 '시-문장'을 시인의 이성이 관통하는 투명하고 명철한 의미의 세계가 아닌, 무의식의 흔적들이 무질서하게 각인된, '비 의미의 세계' 혹은 '너무 먼'과 '너무 가까운' 사이의 결정 불가능한 공간(S. 지젝)으로 재배치할 수 있게 된다.

당연히 시는, 시인이 생성하는 특수한 문장이라는 것에 다른 견해가 있을 수 없다. 그러나 만일 시가 시인을 초과하는 '과잉'이나 '결여'라면 대상의 멈춰 세움과 더불어 시인도 자신의 의지와는 상관없이 스스로를 멈춰 세우는 강렬한 대상으로 작용하게 된다. 그래서 시인은 대상과의 매몰찬 뒤섞임과 그 시간성을 통해 새롭고도 생경한 문장을 생성해 내는 것이다. 이는 '주체와 대상은 본질적으로 매개되어 있다'는 헤겔(G. W. F. Hegel)의 명제를 취하지 않아도 우리는 이러한 현상들을 일상에서 늘 경험하고 목도하게 된다. 오선민 시인의 작품들이 흥미로움에 비견되는 것은 바로 이러한 맥락에서이다.

주지하듯, 서정시는 지나온 시간에 대한 색다른 기억을 통해 시인 스스로를 되돌아보고 성찰하는 과정에서 착상되고 생성된다. 그것이 미래를 예견하거나 아예 지상의 시간을 초월하려는 목소리를 담는다고 하더라도 그 지향 또한 시간을 향한 어떤 가치판단이자 해석의 결과일 수밖에 없을 것이다. 시편 곳곳에 시간성에 대한 치열한 사유의 기록들이 두드러지게 나타나서 작품집 전체를 관류하고 있음은 시인의 목소리를 통해 주체와 세계를 일정한 시간적 연속성에서 이해할 수 있게 되고 마침내 시인의 시선을 통하여 우리가 상실한 근원적 정서를 찾을 수 있게 될 것이다. 이렇게 사물과 대상의 시간 속에서 성찰적 가치를 발견해 가는 시인의 자아는 근원 지향과 현실탐색의 결속을 향해 끝없이 지속되고 있다. 이러한 원리를 통해 시인은 자신의 존재론을 새삼 지키게 마련인데 특히, 오선민 시인은 시간성에 대한 기억의 재구성이라는 작업을 꾸준히 수행하면서 궁극의 이치를 삶의 여정에 대비시키면서 적극적으로 포착하고 표현해가는 기지를 발휘한다. 여기서 사물을 통한 존재 확인과 궁극적 가치 지향을 완성해 가는 것이라 할 수 있겠다.

2

이 작품집에서 오선민 시인은 명료한 의미에 자신의 사유와 감각을 가두지 않고 다양한 해석 가능성에 스스로를 놓아두는 의지를 숨기지 않는다. 그럼으로써 자신이 살아온 삶의 의미를 풍요롭거나 혹은 외롭게, 차갑게 변형해 가고 있는데, 이를테면 그 의미는 어떤 상품의 매뉴얼처럼 정리되거나 수학의 공식처럼 투명하게 귀결되지 않는다. 그 안에 격정적 삶의 흐름이 있고, 그 흐름이 의미 해석의 원심력을 크게 만들어가는 과정이 충일하게 흐르고 있다. 더불어 오선민의 시는 구심적 지향과 원심적 욕망 사이에서 독자적인 떨림과 울림을 보여준다는 점에서 서정의 고유한 빛을 한껏 발하고 있다. 오랜 시간의 심연을 투시하고 그 시간 속에서 성장해 온 시인 자신의 고백과 성찰, 다짐이 작품집에 가득하다.

바다가 성이 났다/ 가지 못하는 것에 대해/ 넘지 못하는 것에 대해/ 미친 듯이/ 제 몸을 부수고 있다// 바위에 부딪혀/ 작은 물방울 되어/ 높은 바위를 타고 넘어가/ 저 푸른 땅에 닿고 싶어/ 안개라도 되어/ 넓은 땅/ 그곳에 내려앉았으면// 온 사방을 둘러싸고 있는/ 높은 바위/ 그 안에서/ 아무리 부서지고 부딪혀 봐도/ 하얀 물거품으로/ 둥글게 밀려오고 밀려가는/ 다시 또 / 그 자리

–「다시 또 그 자리」 전문

인용 시 「다시 또 그 자리」에서 대상이 된 바다와 파도는 그냥 파도가 아니다. 삶의 여정을 바다와 파도에 빗대어 절절하게 그려내고 있다. 파도의 특성에서 비롯되는 그 연상 작용은 곧 자아 스스로의 존재를 확인하는 것으로서의 "제 몸을 부수고 있"는 것이다. 여기에 '바위'와 '땅'과의 대위에 '물거품'을 개입시켜 삶의 여정에 대한 밀도 있는 시간의 심연으로 다가와서, 우리로 하여금 삶의 가파른 난경(難境)을 넘어서고 극복해 가는 시적 항체(抗體)를 만들어 주는 것이다. 한편으로 보면 시인이 삶에 대한 오랜 성찰이 함께 묻어있는 진술로서 실토하는데서 존재를 한 번 더 확인함과 동시에 내면의 처절하고도 궁핍한 실존적 설명을 곁들이고 있다. 또한 여기에는 부정만 존재하는 것도 아니다. "바위에 부딪혀/ 작은 물방울 되어/ 높은 바위를 타고 넘어가/ 저 푸른 땅에 닿고 싶어" 치열하게 몸부림치는 시-문장에서 온전하게 삽입되어 있는 것처럼 시인에게 '부정'은 그가 새롭게 기획하고 축성(築城)하며 살아가야 할 또 다른 세계의 입구라고 봐도 틀리지 않는다. "안개라도 되어/ 넓은 땅/ 그곳에 내려앉았으면" 얼마나 좋을까? 하고 희망의 전언도 함께 구사하는 시-문장에서 확실히 부정과 희망의 가시적/비가시적의 '양립'이 오선민 시인에게는 시-문장을 생성해 내는 본질적인 힘이라고도 하겠다.

키 작은 난쟁이는/ 입 안 가득 석유를 물었다가/ 솜방망이에다 품어 내어/ 화려한 불 쇼를 시작한다// 음악에 맞춰/ 작은 발로 재빠르게 박자를 맞추며/ 흔들흔들 불붙은 솜방망이로/ 온몸을 태우고 있다// 불이 지나가는 자리마다/ 슬픔이 녹아 길을 만들고 있다/ 불붙은 솜방망이는/ 두 눈 질끈 감은 난쟁이 얼굴 위에서/ 미친 듯 돌고 있다// 장터에 모인 사람들 머리 위로/ 난쟁이가 날아다닌다/ 녹아내린 불꽃이 길을 태운다/ 탄다/ 슬픈 난쟁이가 탄다

–「풍물 장터」 전문

"슬픈 난쟁이가 탄다"는 것은 눈물이다. '탄다'='고통', '슬프다'='눈물'이라는 등식을 만들어보면, "슬픈 난쟁이가 탄다"는 말은 '고통의 눈물' 혹은 '슬픔의 울음'이다. 인간의 내면을 자극할 때 스스로 통제되지 않는 상태에서 반응하는 눈물, 외부세계의 상처를 수락한다는 의미에서 눈물은 주체의 의지를 벗어나 있다. 여기서의 눈물은 가슴으로 우는 속울음일 것이다. 마치 눈물이 자신도 모르는 내적 고요함 속에서 찾아오는 것처럼 시적 영감도 그렇게 출현한다. 슬픔의 눈물처럼 상상력의 힘을 통해 생각의 행간에서 흘러나오는 것. 또한 시인들이 기쁨보다 고통에 더 치중하는 것은, 우리가 사는 시 공간에서 일시적인 즐거움이 아닌 지속되는 아픔에서 시적 원동력이 생긴다. 인간은 고통 없는 곳에 이르지 못하므로 이에 따른 슬픔의 원인을 작품의 소재로 삼는다. 그만큼 정복할 수 없는 고통은 삶의 정면에서 현실을 관여하기 때문이다. 이때 시인은 언어의 프리즘을 통해 자신을 증명하려고 한다. 우리

는 그러한 작품 속에서 존재와 세계 사이에서 벌어지는 고통의 현장과 슬픔의 주소를 만날 수 있다. 시인은 어느 '풍물 장터'에서 자아를 프리즘 하기에 이른다. "불이 지나가는 자리마다/ 슬픔이 녹아 길을 만들고 있"는 광경을 응시하며 슬픔과 고통의 대상에 대한 연민의 감정을 함께하게 된다. 내면으로 감각되는 보이지 않는 눈물의 영역을 향유하면서 시적 대상에 시선이 머물러 심미적 상황을 관조하고 있다.

대상의 감정을 자기 진술로 구현하고 있는, 이는 서정의 주체로서 동일화된 대상의 내면에 대한 발언이며 대리진술인 것이다. 대상이 가진 눈물(울음)을 포획해 낸다는 것은 그 세계를 파고드는 것이며 정서를 담보로 한 서정성을 현시하는 것이다. 바로 대상과 시적 자아의 내적 인격화는 일체성을 가지는 동일화의 원칙이 오선민의 시에서 작동하는 것이며 이로써 담담하게 자아를 제거하고 세계를 자아에 편입시키고 있다.

작고 단단한/ 좁은 흙길을 걷는다// 길 위에 서서/ 잠시 발걸음을 멈추고/ 생각에 잠긴다// 길이 단단해지기까지/ 얼마나 많은 사람이/ 밟고 지나갔을까// 얼마나 밟혀야/ 이처럼 단단한 길이/ 될 수 있을까// 조각 난 생각들이/ 앞장서/ 숲길을 걷는다

–「숲으로 난 길」 전문

시를 대하고 생산하는 시인들 중에 어떤 이는 호사스러운 장식으로 시를 대면할 수도 있겠고 또는 삶의 궁극을 방문한 깨우침에 있을 수도 있어, 저마다의 목표라고나 할까 성취라고 할까 각기 그 지향점이 다를 것이다. 이는 살아가는 일에 정답이 없는 이치와 같다는 대입에서는 저마다의 답안이 같을 수는 없겠다. 이것을 개성이라고 명명해 보면 시인은 생의 문제에 독특한 자기를 나타내는 답파(踏破)하려는 의도가 담겨 있어야 한다.

가령 어떤 시인은 굴곡 없는 평탄한 삶을 지나온 예도 있겠고 또는 신산(辛酸)한 고통의 늪을 헤쳐 온 경험 등을 문자로 포착한 경우가 있다면, 전자와 후자의 표현은 다른 감각을 동원하게 된다. 시적 체험은 현실과 상상력을 용해하고 변형하는 체험의 육화(肉化)이기 때문이다. 오선민 시인은 시 「다시 또 그 자리」와 「풍물 장터」를 거치면서 생의 의미를 깊게 천착(穿鑿)했고 이런 기저 위에서 그의 시적 감수성은 남다른 시적 에너지를 조달하고 있다. 또한 슬픔과 고통은 인간을 단련시킬 뿐만 아니라 사고의 폭과 숙성된 인간미를 지닐 수 있는 독특한 개성으로 나타난다. 이러한 관점에서 볼 때, 인용 시 「숲으로 난 길」은 삶에 대한 시간적 유한자(有限者)로서의 진솔한 관조와 고백이 고스란히 형상화되어 있다고 할 것이다. 시인은 「숲으로 난 길」을 걸으며 사유하고 있다. "길이 단단해지기까지/ 얼마나 많은 사람이/ 밟고 지나갔을까// 얼마나 밟혀야/ 이처럼 단단한 길이/ 될 수 있을까// 조각난 생각들"을 끌

어모아 퍼즐을 맞추듯 맞춰보지만, 정답을 찾을 수 없다. 그래서 그는 그 길에서 사유할 수밖에 없다. '사유'는 본질적으로 익숙한 상태를 벗어났을 때, 낯선 상황에 직면했을 때 시작된다. 모든 현상의 마주침이 사유를 촉발하지는 않는다. 우리는 낯선 것과 마주하는 대부분의 순간에 익숙한 것을 개입시켜 낯선 것이 초래하는 불편함을 없애려는 경향을 지니고 있다. 이러한 심리적 방어기제에도 불구하고 그것을 뚫고 무언가가 도래하는 순간이 있기 마련이다. '사유'는 바로 이 순간에 시작된다. 그리고 그것은 동일한 대상을 이전과 전혀 다른 관점에서 인식하도록 만든다. 인용 시 「숲으로 난 길」에서 보면 예상 밖의 '흙길의 단단함'과 '숲길의 시간성'과의 현상을 사고하고 있다. 즉, 이는 삶을 관조하는 것이다.

이 뜨거운 여름 어떻게 견디었을까/ 시들어 들판에 누웠어도/ 절대로 죽지 않는 강인함을/ 누구로부터 배웠을까// 그저 쓸모없다고/ 업신여김을 받으며 뿌리째 뽑혀/ 길가에 버려지지만/ 그래도 제 한 몸 흙에 기댈 수 있으면/ 다시 뿌리내리고 일어서서/ 불어오는 바람에 한들한들 웃고 있다// 혼자 일어서는 법을 아는/ 빛나는 법을 아는/ 그래서 위대해 보이는/ 꽃보다 더 아름다운/ 잡초// 행여나 길에 버려진 잡초를 본다면/ 그냥 지나치지 않고/ 소중히 주워/ 길섶 풀 위에 살포시 얹어 줄 테야/ 그러면 뿌리내리고 잎이 번져/ 석양빛에 빛나는/ 붉은 꽃을 다시 피울 테니까/

– 「잡초」 전문

'잡초'는 말 그대로 잡풀이다. 그러나 오선민 시인에게는 특별함의 상징이다. 시 「숲으로 난 길」과 결을 같이하는 심상의 작품이지만 실존에 한걸음 더 다가선 시-문장을 구사하면서 내면의 시간(사유)에서 존재 확인의 시간(성찰)을 향유하고 있다. "이 뜨거운 여름 어떻게 견디었을까/ 시들어 들판에 누웠어도/ 절대로 죽지 않는 강인함"은 바로 자아의 발견이다. 자아는 가려진 자신에 대한 모든 문제를 인간 보편의 문제로 확대하는 자아 성찰로 구체화한다. "그저 쓸모없다고/ 업신여김을 받으며 뿌리째 뽑혀/ 길가에 버려지지만/ 그래도 제 한 몸 흙에 기댈 수 있으면/ 다시 뿌리내리고 일어서서" 당당하게 제 갈 길로 나아가는 모습에서 마음의 질량을 다 쏟아내고 있다.

분열된 자아에서 자의식이 가동되는 과정이 '잡초'를 통해 지향적 삶과 현실적 삶 사이에 거리가 생기기 시작할 때 자의식이 가동될 것이다. 또한, 시인은 주체와 대상 간의 조화로운 소통을 지향한다. 그리하여 그의 시에 나타나는 시간성의 양상이 어떠하든지 간에 그 안에는 서정성이라는 미학적 바탕이 동시에 깔렸다고도 할 수 있다. 서정성이라는 시의 근본적 속성을 바탕에 깔면서도 그 속에 복합적이고도 다양한 현대적 징후들을 시간을 통해 녹여내고 있는 것이다. 그 양상은 여기서 크게 사물의 시간과 인간의 시간이라는 말로 요약된다. “행여나 길에 버려진 잡초를 본다면/ 그냥 지나치지 않고/ 소중히 주워/ 길섶 풀 위에 살포시 얹어 줄 테야/ 그러면 뿌리 내리고 잎이 번져/ 석양빛에 빛나는/ 붉은 꽃을 다시 피울 테니까”라고 실토하는 과정은 서정시의 사물 인식의 보편적인 방식인 대상과의 자기 동일성이 이 시편 「잡초」에서도 여실하게 드러난다. 그러나 그런 방법상의 대상 인식만으로는 다 섭렵되지 않는 것이 있다. 그것은 사물에게서 전달받는 원초적인 위로와 연대의 기미(機微)가 지니는 실물감이다.

강한 햇빛도 받고/ 몰아치는 바람도 맞아보고/ 세찬 비에 쓰러져 보기도 하고/ 느닷없이 내리는 우박도 견뎌내고/ 천둥 번개 치는/ 컴컴한 낮도 경험해 보고// 망망대해 일엽편주처럼/ 이리 흔들리고/ 저리 흔들리며/ 떠가는 아슬함/ 바람 앞에 촛불처럼/ 꺼질 듯 살아나고/ 살아나다 꺼져버릴 듯한 불안함// 모든 것 다 겪고/ 흙 사이, 바위틈,/ 가시덤불 속에서/ 때를 기다려/ 잎을 틔우고/ 꽃을 피우고/ 다시 씨앗을 맺지/ 바로 너처럼

–「들에 핀 꽃처럼」 전문

이미 화자가 ‘잡초’의 강인함을 선험적으로 경험하고 있음에 완미하고 완전한 전언을 지닌 실물로서의 ‘잡초’는 생래적으로 담지 된 모자라는 기운을 알고는 이 현상을 이용해 표현하는 환유로의 전환을 이미 예시하고 있다. 여기서의 환유는

오선민의 시편 곳곳에서 슬픔과 고통으로 현현되는데 이를 태동시킨 것이 '삶'이다. 일종의 '삶'의 부재에서 오는 아픔은 '외로움'이나 '눈물'이라는 결핍의 추출물로서의 양태로 나타난다. 시 「들에 핀 꽃처럼」은 어딘가 어눌한 것 같으면서도 강력한 의식형태와 감수성을 포괄하는 '삶'을 대위하는 작품이다. 그렇다면 시인의 자의식은 일상 속에서 팽팽한 긴장과 길항작용으로 버티는 힘겨운 과정에 자리하고 있다고 하겠다. 어제와 오늘, 과거와 현재와 미래가 갈마든 몸에서 축적된 감정은 몸속에 농축된 현상의 감정이며 숙주를 찾아가는 파동이며 여행이다. 미치도록 가려운 생의 모진 자리를 목도한 시인은 존재의 개입을 통해서 현상을 유지하고 싶지만, 그것이 고통이라는 걸 안다. "모든 것 다 겪고/ 흙 사이, 바위틈,/ 가시덤불 속에서/ 때를 기다려/ 잎을 틔우고/ 꽃을 피우고/ 다시 씨앗을 맺지/ 바로 너처럼"이라고 단호하게 진술하는 데서 시인의 내면이 복합적 에너지를 품은 채 움직이고 있다는 것을 투명하게 보여주는 작품이다. '들꽃'의 특성에서 비롯된, 또는 그 작용에 의해 자아가 스스로의 존재를 증명하는 것으로서 "살아나다 꺼져버릴 듯한 불안함"의 좌절 과정과 "모든 것 다 겪고/ 다시 씨앗을 맺"는 과정에서 '씨앗'을 개입시켜 의지를 표명하면서 밀도 있는 감각으로 '들꽃'의 시학을 그려내고 있다. "바로 너처럼"이라며 이인칭의 '너'에게 바라는 마음은 곧 자신의 처지에 대한 궁핍한 설명이겠다. 자신만이 가진 비상의 의지를 '들꽃'에게 까지 도달시키려는 것에서 사물과 등량(等量)의 몫으로 내면적 진실을 발견해가는 지혜를 잘 보여주고 있다. 여기서 '들꽃'이라는 상관물은 꿈을 실현하기 위한 수단이며 의인화된 현상임을 알 수 있으며 자아의 운명과 의지를 사물을 통해 예감케 해주고 있다. 결국 삶의 근원에 존재하는 어떤 가치를 만나 그것을 사유하고 펼쳐가려는 남다른 의지를 통해 우리의 삶이 불가피하게 가질 수밖에 없는 보편적 지향점을 보여주고 있다. 시 「들에 핀 꽃처럼」의 이미지는 시인이 경험하고 발견한 원형적 세계를 암시적으로 드러내면서, 시인 자신의 미학적 상상력을 첨예하게 보여주는 작품이라고 할 것이며 그러기에 더욱 진정한 자아 찾기에 몰두하려고 하는 것이다. 이 자리가 바로 오선민 시인의 시가 생성되는, 치유 시학이 되는 지점이라고 볼 수 있다.

달동네 부엌 한쪽/ 희미한 형광등 불빛 아래/ 물렁물렁한 닭발의/ 오도독뼈를 씹으며/ 가난을 영양제인 듯/ 먹고 있는 엄마// 시간이 흘러/ 그때의 엄마 나이가 된 딸은/ 연탄불 위의 닭발을/ 이리저리 뒤적이며/ 하루의 피곤을 눕힌다// 포장마차 안에서/ 무심코 닭발을 집어 드는데/ 엄마의 얼굴이 소주잔에 담긴다// 겹치는 엄마와 나의 시간/ 술잔 속에 엄마의 얼굴이 흐려진다/ 뚝 떨어지는 눈물/ 술잔이 일렁인다

–「겹치는 순간」 전문

시 「겹치는 순간」에서 오선민 시인은 자신의 존재론적 기

원(ORIGIN)이라 할 수 있는 어머니와 달동네를 소환한다. 가난을 '어머니'로 환원하여 궁극적인 신성의 거소(달동네 부엌)로 규정한다. 그곳의 시간을 항구적으로 남기고 기억하려는 듯이 옛 기억을 거슬러 오른다. 여기서도 보이듯이 서정시의 직능이 기억을 통해 생성된다는 것을 확연히 증언하고 있다. 오랜 기간 묻어두었던 삶의 기억을 탈환하는 상상력을 확연히 보여주고 그것이 시-문장으로 아름답게 발현된 것이다. '어머니'라는 존재의 삶에 대한 철저한 성찰이 있었다면 이제 어머니에 대한 애심으로 귀결된다. 이는 삶에 숨 쉴 틈을 내어주는 신생의 작업을 가능케 하는 원천으로 작용되기도 한다. "그때의 엄마 나이가 된 딸은/ 연탄불 위의 닭발을/ 이리저리 뒤적이며/ 하루의 피곤을 눕"혀 치유의 과정을 거친다. '엄마'와 '나'를 동일선상에 놓고 보니 이제야 절실한 존재 확인의 순간을 만나게 되는 것이다. "겹치는 엄마와 나의 시간/ 술잔 속에 엄마의 얼굴이 흐려진다/ 뚝 떨어지는 눈물/ 술잔이 일렁인다"고 진술하는 시-문장이 불쑥 도드라져 보이는 것은 시인에게 허여 된 삶과 시간, 세계를 큰 울림으로 공명시키고 있기 때문이다. '엄마'의 시간과 '나'의 시간이 겹치는 순간을 포착한 시인의 시간은 누구에게나 공평하게 주어지는 객관적인 것이 아니라 삶의 구체성에서 경험되고 기억된 주관적인 것이다. 이처럼 '소녀 오선민'에서 시작하여 '시인 오선민'을 이 자리에서 한꺼번에 만나게 된다. 이 또한 그의 스스로의 삶을 기억하고 성찰하는 과정에서 합리적인 은유의 깊이를 내재하고 있다.

달빛 숨죽이고/ 별빛도 달 뒤로 숨는 밤/ 나뭇잎 스치는 소리가/ 그대 발걸음 같아/ 화들짝 달려 나가 대문을 연다// 달맞이꽃/ 소리 없이 흔들리고/ 산마루 소나무 그림자/ 돌아오는 그대인가/ 어둠 속에 바빠지는 눈동자// 힘없이 돌아서는 등 뒤로/ 소쩍새 구슬피 울고/ 청설모 잣나무에 올라/ 잣 떨구는 소리만 가득하다/ 밤새 그리움만 쌓인다

－「그리움만 쌓이고」 전문

한용운의 시집 『님의 침묵』 서시에 「군말」이라는 시에서 "기룬(그리운) 것은 다 님이다"라고 썼다. 여기서 '님'이라는 존재를 해명하기 위해 이 시구가 자주 인용되기도 했지만, 이 말만으로는 그의 '님'이 무엇인지 설명되지 않는다. 중요한 것은 "그리운"이라는 관형어다. '그립다'라는 말의 뜻을 명확히 알아야 '님'이라는 말이 설명된다. 막연하게 애틋하고 감상적인 사랑의 감정을 흔히 그리움이라 생각한다. 그렇게만 본다면 위의 한용운의 '님'은 쉽게 설명되지 않을 것이다. 아니 너무 쉽게 설명되어 감상적인 연애시가 될 것이다. '그리움'이라는 개념은 한용운 시에 있어서 그의 정신적 지향과 사색의 깊이가 함축되어 있다. 그렇게 보면 '그리움'이란 뚜렷한 대상만을 전제로 하는 것이 아닐 것이다. 다시 말해 복종과 예속의 관계만은 아니다. 이렇게 '그리움'이란 아이러니하면서도 복

합적이어서 내포가 풍부한 언어이다.

오선민 시인의 상제 시 「그리움만 쌓이고」에서 사물은 아무런 승낙도 없이 사물의 맹목 속으로 들어가 버리고 만다. 너무나 자연스러운 광경이다. 이 현상은 새로운 모습을 드러내는 특정한 시간 속에 들어가 있는 것은 아니다. 시인의 시선이 사물의 내부로 향하면서 새로운 인식에 도달할 때 명확하게 드러나는 법이다. 이때 자아의 내적 상황에 의해 공간과 시간 인식이 결정되는 것이다. 시간은 순간적이고 과정적인 실체이다. 그래서 과거가 모두 다 기억되는 것도 아니고 기억된다 하더라도 굳이 지금 나에게 의미 있게만 재생되지는 않는다. "나뭇잎 스치는 소리가/ 그대 발걸음 같아/화들짝 달려나가 대문을 연다"고 진술하는 것도 '그리움'을 중의적으로 몽상하면서 시인은 자신에게 속한 모든 것들을 사랑의 저쪽이 아니라 이쪽으로 데려다 놓는다. "힘없이 돌아서는 등 뒤로/ 소쩍새 구슬피 울고/ 청설모 잣나무에 올라/ 잣 떨구는 소리만 가득하다/ 밤새 그리움만 쌓인다"며 실토하는 데서 '그리움과 사랑'을 생명성과 인내의 표면 장력으로 활용하면서 존재의 확인과 함께 생을 탐구하고 보편적인 생의 본질을 꿰뚫어 보려 한 점에서 현실인식이 짙게 깔려 있다고 볼 수 있다. 한편으로는 사랑과 그리움에 의해 재현되어 온 시인 자신의 가족사나 한 시절의 그리움과 질박한 삶도 거기에 부합되는 셈이다. 그리고 그것들은 순간마다 현재형으로 변형되어 깊은 침잠과 성찰에 대한 그리움으로 변형되어 가기도 한다.

3

주지한 바와 같이 서정시는 시인 스스로 살아온 시간의 결을 회상하고 성찰하는 기억작용을 강하게 활용하는 언어예술이다. 우리가 서정시의 창작 동기를 나르시시즘의 원리에서 종종 찾는 이유도 거기 있을 것이다. 오선민 시인은 시간과 내면과 대상을 이어주는 자신의 시적 진실에 대한 성찰적 시선을 비중 있게 담아내려고 부단히 노력하고 있다.

너의 푸른 눈은/ 하늘을 담고 있어서/ 시리도록 푸른색일까// 너의 깊은 마음은/ 산을 담고 있어서/ 묵향을 내고 있을까// 이파리 하나쯤이야/ 동그란 원을 그리며/ 멀리멀리 보내버리면 되지// 너의 눈에/ 달 뜨고 별 뜨면/ 묵향 솔솔 풍기는 산으로 갈까

—「호수」 전문

오선민 시인은 여기서 일탈에 가까운 사색의 시간을 노래한다. 인용 시 「호수」를 보면 기억에 깃들인 대상들을 재현하면서 그것을 관조와 성찰의 시간으로 허락하고 있다. 이는 시인이 언어로 여백을 채우듯이 정신적 허기로 아픔을 메우려고 하는 시적 전략이라고 볼 수 있다. "너의 푸른 눈은/ 하늘을 담고 있어서/ 시리도록 푸른색일까// 너의 깊은 마음은/ 산을 담고 있어서/ 묵향을 내고 있을까"라는 어투에서 알 수 있듯이 이는 시간(성)에 대한 미학적 헌사이자, 상실감을 벗어

나 충만한 현재형으로 변형해 가려는 화자의 의지가 반영된 것이며 "너의 푸른 눈"과 "너의 깊은 마음"을 담고 싶은 화자의 외롭고 서늘하게 살아온 자신의 삶에 희망의 파동을 개입시키면서 나아가는 화법에서 시의 균형과 확장성에 깊이 관여한 것을 알 수 있다. "이파리 하나쯤이야/ 동그란 원을 그리며/ 멀리멀리 보내 버리면 되지"만 "너의 눈에/ 달 뜨고 별 뜨면" 그리움과 외로움을 달래러 산으로 갈까 하고 실토하는 것은 「호수」를 매개체로 파편화된 감정이나 생각을 녹여 하나의 사연으로 구축하게 된다. 나와 일탈과 「호수」가 버성기듯 각자의 시간을 녹여내었던 때를 거스르면 외로움은 혼돈 너머의 멸절에 가깝다. 그런데 어느 일탈이(타자) 신호를 보내온다. 모든 신호는 광활한 부재의 저편을 향해 존재에의 긍정을 기대하고 지향한다. 그것은 바로 "묵향 솔솔 풍기는 산으로 갈까"라는 자연스러운 착각, 즉 자연이 타자의 호소력을 배가시키는 매개로 작용하게 된다는 것이다. 화자의 이런 자연에의 기호화는 결국 타자화된 나와 '외로움'이라는 간격을 '호수'라는 매개를 통해 무화(無化)시키려는 욕망이 갈마들어 있다.

비밀 이야기를/ 묵묵히 듣고 있던 나무가/ 세찬 바람에/ 가지를 요동친다// 우수수/ 비밀스러운/ 말들이 쏟아지고/ 바람은 붓이 된다// 붓이 된 바람은/ 아스팔트 위에/ 물감을 풀어/ 그들의 이야기를/ 색칠한다// 바람이 분다/ 이야기가 쏟아진다/ 바람이 붓이 되어/ 그들의/ 인생을 그린다

―「바람이 붓이 되어」 전문

시에 있어서 시간이란 등질적이고 분절된 객관적이고 물리적인 것이 아니라, 삶 속에 구체적으로 경험되고 인지되는 주관적이고 심리적인 것이다. 이때 시인의 자세는 '사물 뒤의 시간' 혹은 '사물 자체의 시간'을 바라보는 견자가 되는 것이다. 인용 시 「바람이 붓이 되어」는 이 시집의 표제작이다. 지금까지의 모든 비밀스러운 이야기를 저 '바람'이 어디론가 다 실어 나른다. 그러니 기실 비밀이 아니다. 오선민 시인의 시에서 나타나는 자아는 자신에 대한 모든 문제를 인간 보편의 문제로 확장하는 자아 성찰로 구체화한다. 성찰하는 일상은 사물과의 상호 관계성으로 나의 본래성을 생성하는 새로운 일상이 된다. 여기에서도 우주적 사물이 개입되는데 이는 존재적의 타자가 아니라 존재를 확인하는 과정 속의 타자일 뿐이다. 다시 말해서 객체가 없는 주체가 있을 수 없고 객체가 존재하지 않는다면 구도(求道)라는 일상이 존재하지 않는다는 말과도 같은 말이다. 사물은 곧 자신에 비유된다. 인용 시 「바람이 붓이 되어」에서 시인은 "비밀 이야기를/ 묵묵히 듣고 있던 나무가/ 세찬 바람에/ 가지를 요동" 치는 광경을 목격하게 된다. 여기서의 '붓'이란 문자를 쓰는 도구임에 '바람'은 곧 '붓'으로 형상화되어 '바람'이 가져다준 모든 비밀스러운 이야기는 이내 글이 되고 시-문장이 되는 과정을 그려내는 독특한 화법을 구사하고 있다. 여기서 '바람'은 결핍의 원형이 되고 '붓'은 자아로 환원되는 과정을 밀도 있는 화법으로 구성해 내는 특이한 언술로 시 문장을 구성해 낸다. '바람'이 불면 불수록 자아는 확장되고 그 '바람'으로 하여금 "이야기가 쏟아진다/ 바람이 붓이 되어/ 그들의/인생을 그"려 내는 견지자로서의 역할을 해내려는 것이다. 이러한 과정들이 모두 스스로 회심을 구원한다고 보고 있다. 여태 자아상실의 비참에서 벗어나 비로소 삶의 지향점을 향해 나아가는 포즈야말로 마지막 기회처럼 강렬하다. 이제 나를 깨우는 순간에 그 어디든 갈마들 수 있는 외연적 목독의 운명으로 갈아타려는 것이다. 이 증거는 작품「바람이 붓이 되어」에서 화자의 새로운 주체로서의 나의 모습이 구체적으로 드러나기 때문이다. 성찰의 깊음이 절정에 달한 위 시편들에서 모든 것이 감지된다고 하겠다. 과거와 현재를 오가며 쌓인 시간성이 전체성과 결합되어 있는가 하면, 부호로 박아놓은 듯이 "그들의 이야기를/ 색칠"하는 과정에서 시간성과 결합되어 새로운 출발점을 부여해 놓았다. 대상의 내면을 암시적으로 드러내면서 대조적 상관물인 '붓'을 통하여 복합적인 자의식을 담은 시편이 온전하다.

4

오선민 시인은 웅숭깊은 시선으로 광대무변의 시간 앞에서 시간과 공간의 기원에 다다르려는 모험을 시도하려 하고 있다. 이때 그는 은폐와 개진에 관여하는 조정자의 포즈를 취하고 있다. 사물에 배어 있던 시간은 그 켜를 벗어내며 '바람'을 통하여 그 본모습을 보여줄 뿐만 아니라 그는 사물의 시간과 인간의 시간 사이에 놓인 지정의 세계를 탐색하면서 내면 깊숙이 가라앉아 있는 존재의 경험과 시적 욕망을 전이하고 있다. 그의 시에 드러나는 이러한 다양한 시적 스펙트럼은 우리 시사에서 드물게 사물과 인간을 일체로 아우르고 사유하면서 시간과 공간 속에 내재한 욕망을 읽어내는 남다른 재능을 가지고 있다는 것을 말해준다. 그 긴 터널을 통과하는 과정에서 그는 사물을 새롭게 발견하고 그것을 자신의 삶으로 다시 결합하는 과정을 보여주고 있다. 이러한 성취에는 새로운 무늬의 화법과 진경(進境)이 무르녹아 있다.

사유를 감각적인 것과 더 이상 분리할 수 없다면 시는 사유할 수 없는 사유를 추구한다. 그렇다면 그것은 곧 감각 경험과 느낌만이 진정한 세계이고 실제라는 말이다. 모든 사물 하나하나가 각각의 것으로, 그 각각은 비교될 수 없는 것. 그래서 의미와 사유는 감각이 만들어 낸 것이며 감각과 사물은 하나의 형태를 가진다. 그렇다면 사유는 곧 생명이 아니던가. 오선민 시인의 안과 밖의 그 간극에 존재하는 점이지대에는 아직 경험하지 않은 지경에 이르는 정신작용이 늘 존재하며 거기에는 새로운 우주가 공존하고 있을 것이다.